BEI GRIN MACHT SICH IHR WISSEN BEZAHLT

- Wir veröffentlichen Ihre Hausarbeit, Bachelor- und Masterarbeit

- Ihr eigenes eBook und Buch - weltweit in allen wichtigen Shops

- Verdienen Sie an jedem Verkauf

Jetzt bei www.GRIN.com hochladen und kostenlos publizieren

Bibliografische Information der Deutschen Nationalbibliothek:

Die Deutsche Bibliothek verzeichnet diese Publikation in der Deutschen Nationalbibliografie; detaillierte bibliografische Daten sind im Internet über http://dnb.d-nb.de/ abrufbar.

Dieses Werk sowie alle darin enthaltenen einzelnen Beiträge und Abbildungen sind urheberrechtlich geschützt. Jede Verwertung, die nicht ausdrücklich vom Urheberrechtsschutz zugelassen ist, bedarf der vorherigen Zustimmung des Verlages. Das gilt insbesondere für Vervielfältigungen, Bearbeitungen, Übersetzungen, Mikroverfilmungen, Auswertungen durch Datenbanken und für die Einspeicherung und Verarbeitung in elektronische Systeme. Alle Rechte, auch die des auszugsweisen Nachdrucks, der fotomechanischen Wiedergabe (einschließlich Mikrokopie) sowie der Auswertung durch Datenbanken oder ähnliche Einrichtungen, vorbehalten.

Impressum:

Copyright © 2019 GRIN Verlag
Druck und Bindung: Books on Demand GmbH, Norderstedt Germany
ISBN: 9783668999800

Dieses Buch bei GRIN:

https://www.grin.com/document/463593

Frieder Remmler

"Alternative für Deutschland". Ein Fall für den Verfassungsschutz?

GRIN Verlag

GRIN - Your knowledge has value

Der GRIN Verlag publiziert seit 1998 wissenschaftliche Arbeiten von Studenten, Hochschullehrern und anderen Akademikern als eBook und gedrucktes Buch. Die Verlagswebsite www.grin.com ist die ideale Plattform zur Veröffentlichung von Hausarbeiten, Abschlussarbeiten, wissenschaftlichen Aufsätzen, Dissertationen und Fachbüchern.

Besuchen Sie uns im Internet:

http://www.grin.com/

http://www.facebook.com/grincom

http://www.twitter.com/grin_com

„Alternative für Deutschland"-
Ein Fall für den Verfassungsschutz?

Abgabetermin: 18.03.2019

Inhaltsverzeichnis

1. Einleitung..3
2. Die Alternative für Deutschland...3
   2.1. Entstehung der Partei...3
   2.2. Spätere Entwicklung der Partei...4
      2.2.1. Vorfälle in der Alternative für Deutschland..5
   2.3. Parteipolitisches Programm der Alternative für Deutschland...........................6
3. Der Verfassungsschutz..7
   3.1. Entstehung des Verfassungsschutzes...7
   3.2. Aufgabengebiete des Verfassungsschutzes..7
4. Rechtliche Grundlage..8
5. Fazit...8
6. Literaturverzeichnis...10
7. Anhang..12

1. Einleitung

Frühjahr 2013: Eine neue Partei entsteht und gewinnt rasant an Zuspruch. Im Februar 2019 deklariert der Verfassungsschutz der Bundesrepublik Deutschland diese Partei, genannt „Alternative für Deutschland" als Prüffall. Das Bundesamt erkennt vereinzelt „Demokratiefeindliche Bestrebungen".[1]

In der folgenden Ausarbeitung wird geklärt, ob eine Observation der Alternative für Deutschland durch den Verfassungsschutz rechtmäßig ist, bzw. wäre. Im genauen wird zunächst die Alternative für Deutschland, genauer die Entwicklung der Partei seit ihrer Gründung, ihr parteipolitisches Programm sowie auf Vorfälle eingegangen, die eine demokratiefeindliche Haltung aufweisen könnten. Anschließend wird der Aspekt des Verfassungsschutzes bzw. der rechtlichen Grundlagen behandelt, die nötig sind, um eine politische Partei nachrichtendienstlich zu beobachten. Es werden die Begriffe „Prüffall" und „Verdachtsfall" im einzelnen geklärt.

Schlussendlich werde ich im Fazit dieser schriftlichen Ausarbeitung erörtern, ob eine Beobachtung der besagten Partei sinnvoll wäre und inwiefern sie demokratiefeindliche Züge aufweist.

2. Die Alternative für Deutschland

2.1. Entstehung der Partei

Die Alternative für Deutschland (Kurz AfD) wurde am 6. Februar 2013 von einer Gruppe aus 18 Personen in Berlin gegründet. Von der damaligen Gründergruppe sind vier Personen noch immer Mitglied der Partei (Stand 20. Juli 2017). Die ersten Parteivorsitzenden der AfD waren Bernd Lucke, Frauke Petry und Konrad Adam.[2] Die Alternative für Deutschland ordnete sich zunächst dem Wirtschafts- bzw. EU-Kritischem Parteispektrum zu. In ihrem Gründungsaufruf heißt es wie folgt: *„Die Bundesrepublik Deutschland ist in der schwersten Krise ihrer Geschichte. Das Euro-Währungsgebiet hat sich als ungeeignet erwiesen. Südeuropäische Staaten verarmen unter dem Wettbewerbsdruck des Euro. Ganze Staaten stehen am Rande der Zahlungsunfähigkeit."*[3] Der Fokus der Partei war zunächst der Einzug in den Bundestag zur Bundestagswahl

---

[1] Vgl. Bayrischer Rundfunk: Verfassungsschutz: Warum die AfD jetzt „Prüffall" ist, URL: https://www.br.de/nachrichten/deutschland-welt/verfassungsschutz-warum-die-afd-jetzt-prueffall-ist,RFEw14S (Stand: 05.03.2019).
[2] Vgl. Wikipedia: Alternative für Deutschland, URL: https://de.wikipedia.org/wiki/Alternative_f%C3%BCr_Deutschland (Stand: 21.02.2019).
[3] Günther Lachmann: Anti-Euro-Partei geißelt die Politik der Kanzlerin (03.03.2013), URL: https://www.welt.de/politik/deutschland/article114091447/Anti-Euro-Partei-geisselt-die-Politik-der-Kanzlerin.html (Stand: 21.02.2019).

2013. Die für den Einzug in den Bundestag benötigte 5%-Hürde verfehlte die AfD mit 4,7% nur knapp.[4]

2.2. Spätere Entwicklung der Partei

Die nach 7 Monaten nach Parteigründung gescheiterte Bundestagswahl bewirkte eine Spaltung der AfD. Der liberale Kurs der Alternative für Deutschland entwickelte sich bereits im Jahre 2014 bloß noch zu einem Flügel der Partei unter der Führung von Bernd Lucke. Im Sommer 2014 hatte die AfD einige Austritte zu verzeichnen, viele unter der Begründung eines „Rechts-rucks".[5]

Insbesondere als auffallend gilt die innerparteiliche Strömung „Der Flügel". Diese entstand 2015 als Gegenpol zum zu dieser Zeit noch Bundesvorsitzenden Bern Lucke. „Der Flügel" strebt einen rechtsnationalen, konservativen Kurs an. Sie gilt als islamkritisch und kritisiert den Kurs der Bundeskanzlerin Angela Merkel zur Flüchtlingskrise ab 2015. Als Führungsfiguren gelten Björn Höcke und ehemals, der mittlerweile ausgetretene, André Poggenburg. Aufgrund von bestätigten Verbindungen zu rechtsextremen Organisationen erstellte das Bundesamt für Verfassungsschutz bereits im Jahre 2015 ein Gutachten über den „Flügel".[6]

Als Höhepunkt des parteiinternen Machtkampfes der einzelnen Flügel in der AfD, tritt Bernd Lucke im Juli 2015 von seinem Posten als AfD-Vorsitzenden und AfD-Mitglied zurück. Der Wirtschaftskritiker Lucke nennt als Begründung den zunehmend rechtsnational-orientierten Kurs vieler AfD-Mitglieder und Funktionäre.[7] In seiner Austrittserklärung heißt es unter anderem.: *„[...] In der AfD sehe ich dafür leider keine Möglichkeit mehr, ohne gleichzeitig als bürgerliches Aushängeschild für politische Vorstellungen missbraucht zu werden, die ich aus tiefer Überzeugung ablehne. Dazu zählen insbesondere islamfeindliche und ausländerfeindliche Ansichten, die sich in der Partei teils offen, teils latent, immer stärker ausbreiten und die ursprüngliche liberale und weltoffene Ausrichtung der AfD in ihr Gegenteil verkehren."*[8] Lucke gründete nach seinem Austritt die Euro-Kritische Partei „Liberal-Konservative Reformer"- kurz LKR (ursprünglich „Alfa"). Lucke selbst bezeichnet die LKR als „Wiedergeburt der alten Partei". Viele AfD-

---

[4] Vgl. Spiegel Online: Bundestagswahl 2013 – Prozente und Sitze, URL: http://www.spiegel.de/politik/deutschland/bundestagswahl-2013-wahlergebnis-grafik-bundestag-wahlkreis-a-923496.html (Stand: 21.02.2019).
[5] Vgl. Achim Pollmeier: Alternative für Deutschland – Wie eine Partei immer stärker nach rechts kippt (11.09.2014), URL: https://archive.fo/20140912171221/http://www1.wdr.de/daserste/monitor/sendungen/afd212.html#selection-445.0-445.77 (Stand: 22.02.2019).
[6] Vgl. ntv: Höckes „Flügel" kämpft um Einfluss in der AfD (22.01.2019), URL: https://www.n-tv.de/politik/Hoeckes-Fluegel-kaempft-um-Einfluss-in-der-AfD-article20822815.html (Stand: 22.02.2019).
[7] Vgl. ZEIT ONLINE: Bernd Lucke tritt aus AfD aus (08.07.2015), URL: https://www.zeit.de/politik/deutschland/2015-07/alternative-fuer-deutschland-bernd-lucke-parteiaustritt (Stand: 22.02.2019).
[8] Bernd Lucke: Bernd Lucke tritt aus der AfD aus (Austrittserklärung im Videoausschnitt) (08.07.2015), URL: https://www.tagesschau.de/inland/lucke-afd-parteiaustritt-101.html (Stand: 22.02.2019).

Abtrünnige des EU-Kritischen Flügels schlossen sich ihr an.[9] Als neue Vorsitzende der Alternative für Deutschland wurde Frauke Petry zusammen mit Jörg Meuthen gewählt. Der Politikwissenschaftler Jürgen W. Falter ordnet Frauke Petry in einem Interview mit der ARD dem rechts- bzw. nationalkonservativem Spektrum zu. Jörg Meuthen bezeichnet sich selbst als „ganz schön konservativ".[10]

Der Austritt von Bernd Lucke aus der AfD zog viele weitere Austritte mit sich. Rund 4.000 Personen verließen die Partei im Jahre 2015. Die neuen Parteivorsitzenden Meuthen und Petry gelang es jedoch, mit einem neuen, rechtskonservativen Kurs neue Mitglieder zu gewinnen. Innerhalb eines Jahres stieg die Mitgliederzahl von rund 16.000 auf rund 25.000 Mitgliedern.[11] Die kommenden Wahlen waren für die AfD ein voller Erfolg. Mit 12,6% zog die AfD im Oktober 2017 in den Bundestag ein.[12] Ebenso stemmte die AfD den Einzug in jeden Landtag der Bundesrepublik Deutschland.[13]

2.2.1. Vorfälle in der Alternative für Deutschland

Im Folgenden werden einige Vorfälle der AfD in den vergangenen Jahren beschrieben, die die Aufmerksamkeit der Öffentlichkeit erregten.

Im Oktober 2015 verkündete der damalige Thüringer Landeschef Björn Höcke auf einer Demonstration in Magdeburg eine von ihm gewünschte *„tausendjährige Zukunft Deutschlands"*. Ihm wird eine Nationalsozialistisch-ähnliche Rhetorik zugesprochen.[14]

Bei den Kommunalwahlen in Niedersachsen im September 2016 werden mehrere nachweislich ehemalige Mitglieder rechtsextremer Organisationen mit AfD-Mitgliedschaft in die Kreistage gewählt. Andreas Tute, ehemaliges Mitglied der rechtsextremen Partei „Pro Deutschland" wird in den Kreistag Peine gewählt. Wolfram Bednarski, ehemaliges Mitglied des verbotenen Vereins „Bauernhilfe" wird in den Stadtrat Springe gewählt. Es handelte sich bei dem Verein „Bauernhilfe" nachweislich um ein „Sammelbecken von Holocaustleugnern".[15]

---

9 Vgl. Handelsblatt: AfD-Abtrünnige gründen neue Partei „Alfa" (19.07.2015), URL: https://www.handelsblatt.com/politik/deutschland/bernd-lucke-als-chef-afd-abtruennige-gruenden-neue-partei-alfa/12077410.html (Stand: 22.02.2019).
10 Vgl. Günther Lachmann: Jörg Meuthen, die unbekannte Macht der AfD (31.12.2015), URL: https://www.welt.de/politik/deutschland/article150497618/Joerg-Meuthen-die-unbekannte-Macht-der-AfD.html (Stand: 22.02.2019).
11 Vgl. Statista: Anzahl der Parteimitglieder der AfD von 2013 bis 2017, URL: https://de.statista.com/statistik/daten/studie/730862/umfrage/mitgliederentwicklung-der-afd/ (Stand: 22.02.2019).
12 Vgl. Bundeswahlleiter: Bundestagswahl 2017: Endgültiges Wahlergebnis (12. Oktober 2017), URL: https://www.bundeswahlleiter.de/info/presse/mitteilungen/bundestagswahl-2017/34_17_endgueltiges_ergebnis.html (Stand: 22.02.2019).
13 Vgl. David Bauer: Wie die AfD die deutschen Landtage erobert hat (29.10.2018), URL: https://www.nzz.ch/international/5-fakten-wie-die-afd-die-deutschen-landtage-erobert-hat-ld.117460 (Stand: 22.02.2019).
14 Vgl. Ntv: Höcke: Deutschland soll tausendjährige Zukunft haben (16.10.2015), URL: https://www.n-tv.de/der_tag/Hoecke-Deutschland-soll-tausendjaehrige-Zukunft-haben-article16153711.html (Stand 22.02.2019).
15 Vgl. Julian Feldmann: Chronik: Rechtsextreme Vorfälle in der AfD 2016 (20.12.2016), URL: https://daserste.ndr.de/panorama/aktuell/Chronik-Rechtsextreme-Vorfaelle-in-der-AfD-2016,afd892.html (Stand: 22.02.2019).

Im September 2016 wird der AfD-Politiker Frank Legrum als Direktmandat für die Landtagswahl in Schleswig-Holstein gestellt. Auf seiner privaten Facebook Seite präsentiert sich Legrum mit zwei weiteren Personen in T-shirts mit Aufdrucken der sogenannten „Schwarzen Sonne" und der Aufschrift „Söhne Odins". Die Schwarze Sonne war in der Zeit des Nationalsozialismus eine beliebte Symbolik der Schutzstaffel kurz SS. Der Landesverband äußerte sich mit einer Unkenntnis das besagte Fotos.[16]

Die Bundestagsfraktionsvorsitzende der AfD, Alice Weidel tätigte im Mai 2018 vor dem Plenum des Bundestages unter anderem folgende Aussage: *„Burkas, Kopftuchmädchen und Alimentierte Messermänner, und sonstige Taugenichtse werden unseren Wohlstand, den Wirtschaftswachstum und den Sozialstaat nicht sichern."*[17] Bundestagspräsident Wolfgang Schäuble erteilte Alice Weidel daraufhin einen Ordnungsruf.[18]

Im Juni 2018 bezeichnet AfD-Chef Gauland NS-Zeit als „Vogelschiss in über tausend Jahren erfolgreicher deutscher Geschichte"[19]

Im August 2018 veranstaltet Björn Höcke einen Trauermarsch durch Chemnitz für einen zuvor von Flüchtlingen getöteten 35-Jährigen Deutschen. Zusammen mit PEGIDA, Bürgerbewegung Pro Chemnitz und weiteren umstrittenen Vereinigungen, gingen AfD-Funktionäre sowie Land- und Bundestagsabgeordnete auf die Straße. Die ARD spricht von einem Schulterschluss.[20] Nachweislich kam es auf der Demonstration zu Hitler-grüßen und gewalttätigen Auseinandersetzungen.[21]

Immer wieder werden Teilen der AfD Verbindungen zu rechtsextremen Parteien und Gruppierungen nachgewiesen. Mindestens 27 AfD Abgeordnete des Bundestages haben nachweislich Anhänger rechtsradikaler Organisationen als Mitarbeiter beschäftigt.[22]

2.3. Parteipolitisches Programm der Alternative für Deutschland

Das Parteipolitische Programm der AfD ist durchwachsen. Im Folgenden wird das Parteiprogramm aufgeteilt in Demokratie und Grundwerte, Kultur, Europa sowie Migration & Asyl.

---

16 Vgl. Ebd.
17 Alice Weidel im Bundestag: „Kopftuchmädchen und andere Taugenichtse" (16.05.2018), URL: https://www.youtube.com/watch?v=ZEGj1T0pnR0 (Stand: 22.02.2019).
18 Ebd. Zeitangabe: 01:19 (Stand 22.02.2019).
19 Vgl. WELT: Gauland bezeichnet NS-Zeit als „Vogelschiss in der Geschichte" (02.06.2018), URL: https://www.welt.de/politik/deutschland/article176912600/AfD-Chef-Gauland-bezeichnet-NS-Zeit-als-Vogelschiss-in-der-Geschichte.html (Stand: 22.02.2019).
20 Vgl. Tagesschau.de: AfD-Schulterschluss mit Rechtsextremen (06.09.2018), URL: https://www.tagesschau.de/inland/monitor-afd-rechte-gruppen-101.html (Stand 22.02.2019).
21 Vgl. ZEIT ONLINE: Mehrere Ermittlungsverfahren wegen Hitlergruß in Chemnitz (28.08.2018), URL: https://www.zeit.de/gesellschaft/zeitgeschehen/2018-08/neonazis-hitlergruss-chemnitz-rechtsextremismus-ermittlung-verfahren (Stand: 22.02.2019).
22 Vgl. ZEIT ONLINE: AfD-Abgeordnete beschäftigen Rechtsextreme und Verfassungsfeinde (21.03.2018), URL: https://www.zeit.de/politik/deutschland/2018-03/afd-bundestag-mitarbeiter-rechtsextreme-identitaere-bewegung (Stand:05.03.2019)

Im Punkt Demokratie und Grundwerte spricht sich die AfD im Wesentlichen für Volksabstimmungen nach Schweizer Vorbild, der Direktwahl des Bundespräsidenten durch das Volk und der Einführung eines Straftatbestandes der „Steuerverschwendung" aus.

Im Punkt Europa und EURO spricht sich die AfD für eine „Europäische Individualität" aus, sie fordern ein Europa mit Staaten, die unabhängig Entscheidungen für sich treffen. Des Weiteren bleibt die AfD im Punkt EURO der Wirtschaftskritischen Linie treu. Sie spricht sich für eine Volksabstimmung über den Verbleib Deutschlands in der EURO-Währung aus. Des Weiteren spricht sie sich gegen die „Bankenunion" aus.

Im Punkt Migration & Asyl fordert die AfD in ihrem Parteiprogramm eine genaue Differenzierung zwischen politisch Verfolgten sowie Kriegsflüchtlingen und „irregulären Migranten". Sie fordern außerdem an sämtlichen deutschen Grenzen strenge Personenkontrollen, die illegale Grenzübertritte verhindern sollen. Weiter heißt es, das individuelle Asylrecht durch ein striktes Asylgesetz ersetzen zu wollen. Außerdem lehnt die AfD eine „Einwanderung in die Sozialsysteme" ab. Sie fordern eine Aberkennung des Aufenthaltsrechts bei mangelnder Integration. Auch gegen die doppelte Staatsbürgerschaft spricht sich die AfD aus.

Im Punkt Kultur, Sprache und Identität sagt die AfD klar: Der Islam gehört nicht zu Deutschland.[23]

3. Der Verfassungsschutz

3.1. Entstehung des Verfassungsschutzes

Das Bundesamt für Verfassungsschutz wurde am 7. November 1950 auf Initiative von hohen alliierten Kommissaren als Resultat des Verfassungsschutzgesetzes vom 27. September 1950 gegründet.[24]

3.2. Aufgabengebiete des Verfassungsschutzes

Auf Grundlage von § 3 des Bundesverfassungsschutzgesetzes sammelt das Bundesamt für Verfassungsschutz Informationen über Bestrebungen, die die demokratische Grundordnung gefährden, gegen den Bestand und die Sicherheit des Bundes gerichtet sind und die durch Anwendung von Gewalt oder darauf gerichtete Vorbereitungsmaßnahmen die Stabilität der Bundesrepublik gefährden oder die gegen den Gedanken der Völkerverständigung gerichtet sind.

---

23 Vgl. Alternative für Deutschland: Programm der Alternative für Deutschland – Kurzfassung, URL: https://www.afd.de/wp-content/uploads/sites/111/2017/01/2016-06-20_afd-kurzfassung_grundsatzprogramm_webversion.pdf (Stand 23.02.2019).
24 Vgl. Bundesamt für Verfassungsschutz: „Das Bundesamt für Verfassungsschutz und die NS-Vergangenheit 1950-1975", URL: https://www.verfassungsschutz.de/de/das-bfv/geschichtsprojekt-bfv/ergebnisse-geschichtsprojekt/ergebnissynopse-2015-01 (Stand: 11.03.2019).

Des Weiteren übernimmt der Verfassungsschutz Aufgaben der Spionageabwehr und des Geheimnis- und Sabotageschutzes.[25]

4. Rechtliche Grundlage

Um eine Beobachtung einzuleiten, sind ausreichende Anhaltspunkte von Nöten, dass die Partei bzw. Gruppierung oder Verein gegen die freiheitliche demokratische Grundordnung verstößt.[26] Der Verfassungsschutz hat die Möglichkeit, sogenannte „Prüffälle" und „Verdachtsfälle" zu deklarieren. Ein Verdachtsfall ermöglicht dem Bundesamt für Verfassungsschutz nachrichtendienstliche Mittel einzusetzen. Der „Verdachtsfall" gibt die rechtliche Grundlage zur Sammlung von Informationen und deren Auswertungen. Der „Prüffall" ist die Vorstufe des Verdachtsfalls. Dort werden öffentlich zugängliche Informationen gesammelt, die den Prüffall zu einem Verdachtsfall erhärten können.[27]

5. Fazit

Die „Alternative für Deutschland" (kurz AfD) ist eine demokratisch gegründete und mehrfach demokratisch gewählte Partei.

In den letzten Jahren kamen jedoch vermehrt Kritiken auf, die AfD sei „Antidemokratisch" oder „ein Fall für den Verfassungsschutz". Argumentiert wird mit Vorfällen innerhalb der Partei, die immer wieder vereinzelt auftreten. In meiner Ausarbeitung habe ich eine Chronik aufgestellt, die einige solcher Vorfälle behandelt. Unter anderem traten in den letzten Jahren Vorfälle wie NS-Rhetoriken, Verfassungsfeindliche NS-Symbolik und islam- und ausländerfeindliche Aussagen auf. Diese Vorfälle weisen vereinzelt auf mögliche verfassungsfeindliche Tendenzen hin.

Das Parteiprogramm der AfD für sich zeigt jedoch keine Programmpunkte auf, die auf solche Bestrebungen hinweisen. Dort äußert man sich zwar islam- und migrationskritisch, jedoch ohne die Grundwerte der freiheitlich demokratischen Grundordnung und der Rechtsstaatlichkeit zu verletzen.

Eindeutige Verbindungen vereinzelter AfD Mitglieder zu verschiedenen rechtsextremen Vereinigungen sind jedoch zum Teil eindeutig bewiesen. Es lässt sich nicht abstreiten, dass einige AfD-Funktionäre und Mitglieder menschenverachtende Ansichten und Weltauffassungen vertreten.

---

25 Vgl. Bundesamt für Verfassungsschutz: Was genau macht der Verfassungsschutz?, URL: https://www.verfassungsschutz.de/de/das-bfv/aufgaben/was-genau-macht-der-verfassungsschutz (Stand: 28.02.2019).
26 Vgl. ZEIT ONLINE: Wann beobachtet der Verfassungsschutz eine Partei?, URL: https://www.zeit.de/politik/deutschland/2018-09/afd-verfassungsschutz-beobachtung-faq (Stand: 28.02.2019).
27 Vgl. Tagesschau.de: Was Prüffall und Verdachtsfall unterscheidet, URL: https://www.tagesschau.de/inland/afd-prueffall-103.html (Stand 28.02.2019).

In Anbetracht der Rechtslage muss der Verfassungsschutz über ausreichende Hinweise auf entsprechende antidemokratische sowie verfassungsfeindliche Bestrebungen verfügen. Erst dann ist es möglich einen „Prüffall" zu einem „Verdachtsfall" zu erhärten. Anfang des Jahres 2019 deklariert der Verfassungsschutz die AfD zu einem Prüffall. Ist dieser Prüffall berechtigt?

Meiner Auffassung nach Ja. Vorfälle in den letzten 4 Jahren deuten auf mögliche verfassungswidrige Bestrebungen hin, seitdem die Partei ihren wirtschaftskritischen Kurs fast vollständig verlor. Ich halte einen Prüffall der gesamten Partei für gerechtfertigt, um das öffentliche Auftreten der Alternative für Deutschland weiter unter Beobachtung zu halten. Des weiteren bin ich der Meinung, man sollte einzelne Organe bzw. Flügelabspaltungen und Funktionäre der Partei genauer unter die Lupe nehmen. Die innerparteiliche Strömung „der Flügel" halte ich für teilweise verfassungsgefährdend und demokratiegefährdend. Ich bin der Meinung, dass die Deklarierung des „Flügels" sowie einzelner Personen, mit rechtsradikalen Tendenzen als Verdachtsfall rechtmäßig sein könnte. Insbesondere in Fällen wie dem des Frank Legrum, dessen Fall ich in Punkt 2.2.1. behandelt habe, sehe ich die Beweislage für einen Verdachtsfall als zureichend.

Zusammenfassend bin ich der Meinung, dass die Partei Alternative für Deutschland nicht vollständig gegen freiheitlich demokratische Grundwerte verstößt. Die Partei wurde demokratisch gewählt und weißt ein Verfassungskonformes Parteiprogramm auf. Dennoch haben einzelne Funktionäre der Partei nachweisliche Verbindungen zu rechtsextremen Organisationen und verschiedene Strömungen der Partei wie „der Flügel" sorgen aufgrund verfassungsfeindlicher Vorfälle für Schlagzeilen. Die Alternative für Deutschland an sich sollte meiner Ansicht nach als Prüffall deklariert verbleiben, um verfassungswidrige Tendenzen frühzeitig zu erkennen. Genauer untersucht werden sollten meiner Meinung nach, einzelne auffällige Personen und politische Strömungen, bzw. einzelne Teile der Partei, die nachweisliche Tendenzen zu rechtsextremen und antidemokratischen Gesinnungen aufweisen.

6. Literaturverzeichnis

Bayrischer Rundfunk: Verfassungsschutz: Warum die AfD jetzt „Prüffall" ist, URL: https://www.br.de/nachrichten/deutschland-welt/verfassungsschutz-warum-die-afd-jetzt-prueffall-ist,RFEw14S (Stand: 05.03.2019).

Vgl. Wikipedia: Alternative für Deutschland, URL: https://de.wikipedia.org/wiki/Alternative_f%C3%BCr_Deutschland (Stand: 21.02.2019).

Lachmann, Günther: Anti-Euro-Partei geißelt die Politik der Kanzlerin (03.03.2013), URL: https://www.welt.de/politik/deutschland/article114091447/Anti-Euro-Partei-geisselt-die-Politik-der-Kanzlerin.html (Stand: 21.02.2019).

Spiegel Online: Bundestagswahl 2013 – Prozente und Sitze, URL: http://www.spiegel.de/politik/deutschland/bundestagswahl-2013-wahlergebnis-grafik-bundestag-wahlkreis-a-923496.html (Stand: 21.02.2019).

Pollmeier, Achim: Alternative für Deutschland – Wie eine Partei immer stärker nach rechts kippt (11.09.2014), URL:https://archive.fo/20140912171221/http://www1.wdr.de/daserste/monitor/sendungen/afd212.html#selection-445.0-445.77 (Stand: 22.02.2019).

ntv: Höckes „Flügel" kämpft um Einfluss in der AfD (22.01.2019), URL: https://www.n-tv.de/politik/Hoeckes-Fluegel-kaempft-um-Einfluss-in-der-AfD-article20822815.html (Stand: 22.02.2019).

ZEIT ONLINE: Bernd Lucke tritt aus AfD aus (08.07.2015), URL: https://www.zeit.de/politik/deutschland/2015-07/alternative-fuer-deutschland-bernd-lucke-parteiaustritt (Stand: 22.02.2019).

Lucke, Bernd: Bernd Lucke tritt aus der AfD aus (Austrittserklärung im Videoausschnitt) (08.07.2015), URL: https://www.tagesschau.de/inland/lucke-afd-parteiaustritt-101.html (Stand: 22.02.2019).

Handelsblatt: AfD-Abtrünnige gründen neue Partei „Alfa" (19.07.2015), URL: https://www.handelsblatt.com/politik/deutschland/bernd-lucke-als-chef-afd-abtruennige-gruenden-neue-partei-alfa/12077410.html (Stand: 22.02.2019).

Lachmann, Günther: Jörg Meuthen, die unbekannte Macht der AfD (31.12.2015), URL: https://www.welt.de/politik/deutschland/article150497618/Joerg-Meuthen-die-unbekannte-Macht-der-AfD.html (Stand: 22.02.2019).

Statista: Anzahl der Parteimitglieder der AfD von 2013 bis 2017, URL: https://de.statista.com/statistik/daten/studie/730862/umfrage/mitgliederentwicklung-der-afd/ (Stand: 22.02.2019).

Bundeswahlleiter: Bundestagswahl 2017: Endgültiges Wahlergebnis (12. Oktober 2017), URL: https://www.bundeswahlleiter.de/info/presse/mitteilungen/bundestagswahl-2017/34_17_endgueltiges_ergebnis.html (Stand: 22.02.2019).

Bauer, David: Wie die AfD die deutschen Landtage erobert hat (29.10.2018), URL: https://www.nzz.ch/international/5-fakten-wie-die-afd-die-deutschen-landtage-erobert-hat-ld.117460 (Stand: 22.02.2019).

ntv: Höcke: Deutschland soll tausendjährige Zukunft haben (16.10.2015), URL: https://www.n-tv.de/der_tag/Hoecke-Deutschland-soll-tausendjaehrige-Zukunft-haben-article16153711.html (Stand 22.02.2019).

Feldmann, Julian: Chronik: Rechtsextreme Vorfälle in der AfD 2016 (20.12.2016), URL: https://daserste.ndr.de/panorama/aktuell/Chronik-Rechtsextreme-Vorfaelle-in-der-AfD-2016,afd892.html (Stand: 22.02.2019).

Alice Weidel im Bundestag: „Kopftuchmädchen und andere Taugenichtse" (16.05.2018), URL: https://www.youtube.com/watch?v=ZEGj1T0pnR0 (Stand: 22.02.2019).

WELT: Gauland bezeichnet NS-Zeit als „Vogelschiss in der Geschichte" (02.06.2018), URL: https://www.welt.de/politik/deutschland/article176912600/AfD-Chef-Gauland-bezeichnet-NS-Zeit-als-Vogelschiss-in-der-Geschichte.html (Stand: 22.02.2019).

Tagesschau.de: AfD-Schulterschluss mit Rechtsextremen (06.09.2018), URL: https://www.tagesschau.de/inland/monitor-afd-rechte-gruppen-101.html (Stand 22.02.2019).

ZEIT ONLINE: Mehrere Ermittlungsverfahren wegen Hitlergruß in Chemnitz (28.08.2018), URL: https://www.zeit.de/gesellschaft/zeitgeschehen/2018-08/neonazis-hitlergruss-chemnitz-rechtsextremismus-ermittlung-verfahren (Stand: 22.02.2019).

ZEIT ONLINE: AfD-Abgeordnete beschäftigen Rechtsextreme und Verfassungsfeinde (21.03.2018), URL: https://www.zeit.de/politik/deutschland/2018-03/afd-bundestag-mitarbeiter-rechtsextreme-identitaere-bewegung (Stand:05.03.2019)

Alternative für Deutschland: Programm der Alternative für Deutschland – Kurzfassung, URL: https://www.afd.de/wp-content/uploads/sites/111/2017/01/2016-06-20_afd-kurzfassung_grundsatzprogramm_webversion.pdf (Stand 23.02.2019).

Bundesamt für Verfassungsschutz: „Das Bundesamt für Verfassungsschutz und die NS-Vergangenheit 1950-1975", URL: https://www.verfassungsschutz.de/de/das-bfv/geschichtsprojekt-bfv/ergebnisse-geschichtsprojekt/ergebnissynopse-2015-01 (Stand: 11.03.2019).

Bundesamt für Verfassungsschutz: Was genau macht der Verfassungsschutz?, URL: https://www.verfassungsschutz.de/de/das-bfv/aufgaben/was-genau-macht-der-verfassungsschutz (Stand: 28.02.2019).

Bundesamt für Verfassungsschutz: Was genau macht der Verfassungsschutz?, URL: https://www.verfassungsschutz.de/de/das-bfv/aufgaben/was-genau-macht-der-verfassungsschutz (Stand: 28.02.2019).

ZEIT ONLINE: Wann beobachtet der Verfassungsschutz eine Partei?, URL: https://www.zeit.de/politik/deutschland/2018-09/afd-verfassungsschutz-beobachtung-faq (Stand: 28.02.2019).

Tagesschau.de: Was Prüffall und Verdachtsfall unterscheidet, URL: https://www.tagesschau.de/inland/afd-prueffall-103.html (Stand 28.02.2019).

7. Anhang

Anzahl der Parteimitglieder der AfD von 2013 bis 2017

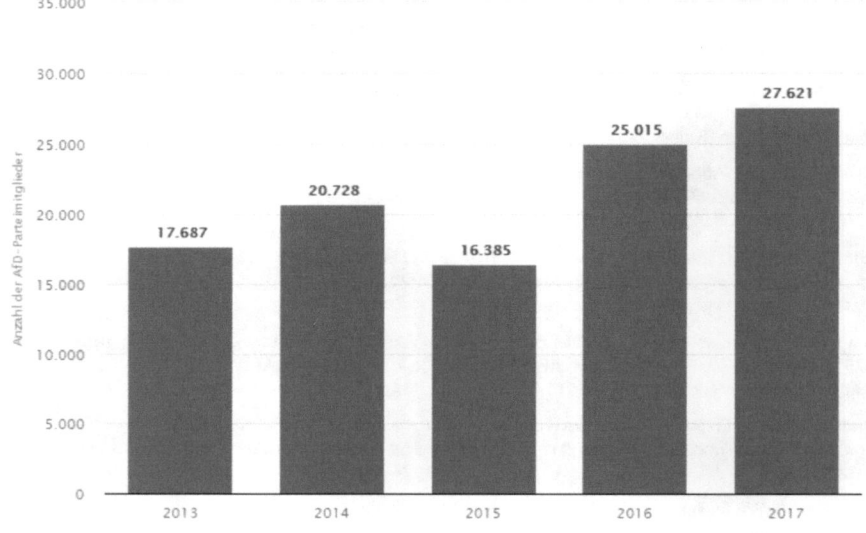

BEI GRIN MACHT SICH IHR WISSEN BEZAHLT

- Wir veröffentlichen Ihre Hausarbeit, Bachelor- und Masterarbeit

- Ihr eigenes eBook und Buch - weltweit in allen wichtigen Shops

- Verdienen Sie an jedem Verkauf

Jetzt bei www.GRIN.com hochladen und kostenlos publizieren